¿CÓMO SOY?

¿Cómo soy?

EL CABALLO

Montse Ganges
Mercè Canals

Combel
EDITORIAL
www.combeleditorial.com

SOY UN CABALLO.

Soy un caballo.

¿CÓMO TENGO
LA COLA?

¿Cómo tengo
la cola?

LOS CABALLOS TENEMOS
UNA COLA DE PELOS MUY LARGOS.

Los caballos tenemos
una cola de pelos muy largos.

¿CÓMO TENGO LAS PATAS?

¿Cómo tengo las patas?

¿Y CÓMO TENGO LOS PIES?
2

¿Y cómo tengo los pies?

LOS CABALLOS TENEMOS CUATRO PATAS LARGAS Y DELGADAS, Y EN VEZ DE PIES TENEMOS CASCOS.

Los caballos tenemos cuatro patas largas y delgadas, y en vez de pies tenemos cascos.

¿QUÉ COMEMOS LOS CABALLOS?

¿Qué comemos los caballos?

LOS CABALLOS PACEMOS
Y COMEMOS HIERBA Y PAJA.

Los caballos pacemos
y comemos hierba y paja.

¿DÓNDE ESTOY? BUSCA BIEN
Y ME ENCONTRARÁS:
SOY UN CABALLO AUTÉNTICO.

¿Dónde estoy? Busca bien
y me encontrarás:
soy un caballo auténtico.

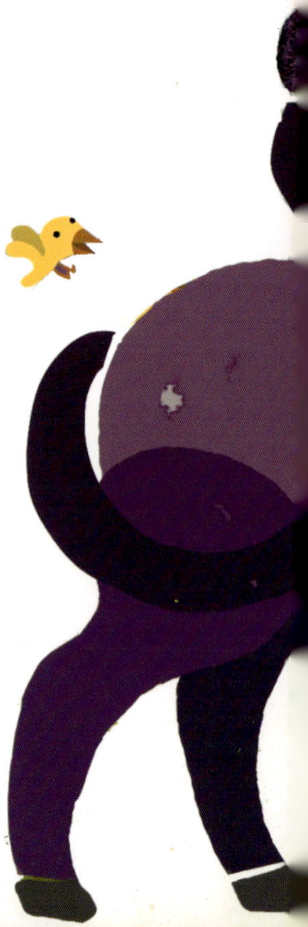

¡HOLA!

LOS CABALLOS TENEMOS UNA COLA DE PELOS MUY LARGOS, CUATRO PATAS LARGAS Y DELGADAS Y CUATRO CASCOS. PACEMOS Y COMEMOS HIERBA Y PAJA.

HAFLINGER

CABALLO ÁRABE

CABA

¡NOSOTROS TAMBIÉN SOMOS CABALLOS!

PONI ISLANDÉS

FRISÓN

CABALLO LUSITANO

SI TE FIJAS BIEN, SEGURO QUE VUELVES A VERME. ¡HASTA PRONTO!

Si te fijas bien, seguro que vuelves a verme. ¡Hasta pronto!